Ökotopia

Natur
Spiele
Hits

ÖKOTOPIA

Impressum

AutorInnen	Regina Bestle-Körfer ~ Leonore Geißelbrecht-Taferner ~ Dirk Gouder ~ Constanze Grüger ~ Birthe Hesebeck ~ Georg Lilitakis ~ Antje Neumann ~ Burkhard Neumann ~ Stefan Schulz ~ Annemarie Stollenwerk ~ Susanne Weyhe
Redaktion	Katrin Röntgen
Covergestaltung	Volker Schönemann
Satz	art applied, Druckvorstufe Hennes Wegmann, Münster
ISBN	978-3-86702-136-4

2. Auflage 2011
© 2011 Ökotopia Verlag, Münster

Inhalt

Von Walddomino bis Steinmassage

Heute geh'n wir in den Wald! Nein, in den Park! Quatsch, auf die große Wiese ..."
Naturspiele liegen im Trend, immer noch und immer wieder neu! In Band 2 der „Ökotopia-Hits" werden Steine, Blätter, Eicheln und Zapfen im Handumdrehen zum Walddomino, Bewegungs-Highlights wie Schafsprung-Wettbewerb und Mäusejagd stehen neben kleinen und großen Naturkunstwerken hoch im Kurs und die Hot-Stone-Massage garantiert einen entspannten Aktionsausklang.

Bei den „Ökotopia-Hits" profitieren ErzieherInnen, PädagogInnen und Eltern von der Erfahrung aus über 25 Jahren Spielpädagogik: Alle Spiele stammen aus unseren bewährten Praxisbüchern und sind hier im handlichen Hosentaschenformat thematisch neu zusammengestellt. So können Sie überall und jederzeit loslegen: Im Wald und auf der Wiese, an Pfütze, Bach und Tümpel, in Garten, Sand und Schneelandschaft ...

Inspirierende Naturspielerlebnisse wünscht

Ihr Ökotopia Verlag!

Blätterwald & Rindenduft

Welche Bäume gibt es in diesem Wald?

📖 B. Hesebeck u.a.:
Mit Robin Hood in den Wald

Die Kinder entdecken auf dem Waldboden verschiedene Blätter und finden heraus, wie die einzelnen Baumarten heißen.

Alter: ab 4 Jahren
Material: Bettlaken oder alte Tischdecke, Bestimmungsbuch/-schlüssel

In Kleingruppen gehen die Kinder in einem abgegrenzten Waldgebiet auf die Suche nach unterschiedlichen Blattformen.
Von jeder Baumart bringen sie ein Blatt mit und legen dieses am Ausgangspunkt zurück auf das ausgebreitete große Tuch. Gemeinsam mit den Kindern betrachtet die Spielleitung die Fundstücke und stellt folgende Fragen:

- *Welche Blätter sehen gleich aus?*
- *Welche sind von verschiedenen Baumarten?*
- *Wie viele unterschiedliche Arten wurden gefunden?*
- *Welche Baumart ist hier die häufigste?*

Ich seh' ein Blatt, das du nicht siehst

📖 B. Hesebeck u.a.:
Mit Robin Hood in den Wald

Wodurch unterscheiden sich Blätter von Bäumen überhaupt untereinander? Bei diesem Spiel ist genaues Hingucken gefragt!

Alter: ab 4 Jahren
Material: Bettlaken oder helles Tuch

Gemeinsam breiten die Kinder das Tuch auf dem Waldboden aus. Sie sammeln in der näheren Umgebung Blätter von ganz verschiedenen Pflanzenarten und legen von jeder Pflanzenart ein Blatt auf das Tuch.
Ein Kind sucht sich ein Blatt mit den Augen aus. Die anderen Kinder stellen Fragen zu seiner Form und Beschaffenheit, um herauszufinden, welches Blatt sich das Kind ausgesucht hat, z.B.: *„Ist das Blatt rund? Ist das Blatt gesägt? ..."* Das Kind antwortet nur mit *„ja"* oder *„nein"*! Wer meint, das Blatt herausgefunden zu haben, legt seinen Finger auf die Nasenspitze. Wenn alle ihren Finger auf der Nase liegen haben, zählt die Spielleitung: *„Eins, zwei, drei"* – und bei *„drei"* zeigen alle auf das Blatt, das sie meinen. Wer hat richtig getippt?

Bildermemory mit gepressten Blättern

A. & B. Neumann:
Waldfühlungen

Alter: ab 4 Jahren
Material: Pappe, Schere, Klebstoff

Vorbereitung

Für das Bildermemory werden möglichst viele verschiedene – aber immer zwei Blätter einer Pflanze – gesammelt und gepresst. Die gepressten Blätter werden auf Pappkärtchen gleicher Größe geklebt.

Spielablauf

Zu Beginn des Spiels werden alle Karten gemischt und auf einer geraden Unterlage in regelmäßigen Reihen mit den Blättern nach unten ausgelegt. Reihum drehen die Kinder jeweils zwei Karten um. Bilden beide Karten ein Paar, dürfen sie weggenommen und zwei weitere Karten umgedreht werden. Wenn die Karten nicht zusammengehören, ist der linke Nachbar dran.

Im Verlauf des Spiels merken sich die Kinder, wo bestimmte Karten liegen und finden so immer leichter ein Pärchen. Gewonnen hat, wer die meisten Paare sammeln konnte.

Hinweis: Für junge Kinder ist es günstig, möglichst verschieden aussehende Blattpaare zu sammeln (Eiche, Buche, Robinie, Birke ...).

Blätterbasteleien

📖 A. & B. Neumann:
Waldfühlungen

Aus frischen Blättern lassen sich schöne und nützliche Dinge zum Dekorieren und Sich-Schmücken zaubern.

Alter: ab 4 Jahren
Material: Laubblätter, Fichtennadeln oder kleine Zweige

- **Blattgirlanden** entstehen, indem größere Blätter mit Zweigstückchen oder Fichtennadeln aneinander befestigt werden.
- **Blätterkronen** entstehen wie Blattgirlanden. Jedoch werden nur so viele Blätter verwendet, dass die Länge der Girlande dem Kopfumfang entspricht. Das erste und das letzte Blatt werden miteinander durch einen Zweig verbunden.
- **Kränze** entstehen, indem kleinere Blätter mit den eigenen Stielen verbunden werden. Dabei wird jedes Blatt mit dem Stiel in das nächste Blatt gesteckt.
- **Blätterkörbchen** entstehen, indem die Blätter überlappend aneinandergelegt und mit Ästchen zusammengesteckt werden. Der Boden des Körbchens besteht auch aus zusammengesteckten Blättern. Er wird untergelegt und mit Ästchen befestigt. Die Körbchen dienen zur Aufbewahrung kleiner, leichter Gegenstände, z.B. gesammelte leere Schneckenhäuser oder Blüten.

Verkleidete Bäume

R. Bestle-Körfer, A. Stollenwerk:
Sinneswerkstatt LANDART

Bäume und Baumstümpfe verwandeln sich je nach Vorstellungsvermögen, Blickwinkel und Lichtverhältnissen in geheimnisvolle Wesen: Sie haben z.B. einen Rock aus Wurzeln, einen Bauchnabel für ein Piercing, Wurzelfüße, Arme, Gesichter zum Schminken, Haare oder Zöpfe, Falten, Pickel und Ohren für Ohrringe.

Alter: ab 4 Jahren
Material: evtl. Ton, Wasser

Die Kinder suchen im Wald nach besonderen Baumwesen. Sie entwickeln Ideen, wie sie ihren Baum „Ballfein" machen können.
Sie sammeln Naturmaterialien wie Zapfen, Blätter, Zweige, Früchte, Blüten, Moos oder Rinde zum Verkleiden, Schmücken, Gestalten und Dekorieren. Als Klebstoff verrühren die Kinder Walderde mit Wasser oder nehmen Schlamm aus Pfützen und Bächen. Alternativ stellt die Spielleitung Ton zur Verfügung, mit dem sich die verschiedenen Naturmaterialien an den Bäumen gut befestigen lassen.
Zum Schluss werden alle verkleideten Bäume gemeinsam bewundert und bestaunt.

Geburtstagstisch

R. Bestle-Körfer, A. Stollenwerk:
Sinneswerkstatt LANDART

Die kleine Waldfee hat Geburtstag. Ihre Freunde, die Zwerge, decken für sie auf einem Baumstumpf einen hübschen Geburtstagstisch.

Alter: ab 5 Jahren
Material: Kerze, Streichhölzer

Die Kinder verwandeln eine Baumscheibe mit kleinen Steinchen, Blüten, bunten Beeren, Samen, Efeublättern oder anderen Naturmaterialien in einen schön geschmückten Feen-Geburtstagstisch. Dabei legen sie die Kreisformen der Jahresringe nach oder denken sich andere Verzierungen auf der Baumscheibe aus. Eine kleine, brennende Kerze auf dem Tisch macht die Geburtstagsrunde im Wald sehr feierlich.

Für die Waldfee umwickeln die Kinder einen kurzen Stock mit Grasbüscheln als Feenkörper. Mit langen Grashalmen binden sie vom Feenkörper den Kopf ab. In den Kopf werden kleine Beeren für die Augen, ein schmales Blättchen für den Mund und Tannenzweige für die Haare gesteckt. Die kleine Waldfee kann am schön gedeckten Geburtstagstisch Platz nehmen.

Gegensätzliches finden

A. & B. Neumann:
Waldfühlungen

Alter: ab 5 Jahren
Material: 1 Schachtel o.Ä. pro Kind

Die Kinder bilden Paare. Je ein Kind wird mit dem Behältnis in den Wald geschickt, um Waldbestandteile mit bestimmten Merkmalen zu suchen.
Dem Partnerkind werden die Gegenstände gezeigt und dieses sucht nun Dinge mit entgegengesetzten Merkmalen, z.B. zu etwas Nassem etwas Trockenes, zu etwas Hartem etwas Weiches, zu etwas Großem etwas Kleines, zu etwas Rundem etwas Eckiges etc. Wenn alle wieder zurück sind, werden die gesuchten Mitbringsel der Gruppe präsentiert.

Suchmandala

R. Bestle-Körfer, A. Stollenwerk:
Sinneswerkstatt LANDART

Für dieses Mandala suchen die Kinder Materialien nach bestimmten Aufgabenstellungen.

Alter: ab 4 Jahren

Die Kinder legen gemeinsam eine große Kreisform aus Steinen, Tannenzapfen, Blättern, Blüten, Beeren und anderen Naturmaterialien auf den Waldboden. Der Kreis wird in Kuchenstücke oder Flächen, in Innenkreise, Streifen oder Karos unterteilt.

Alle stehen um das noch leere Mandala herum und bekommen gemeinsame Suchaufgaben, die sie gleichzeitig erfüllen, z.B.:

- *Sucht etwas Grünes.*
- *Sucht etwas Gelbes.*
- *Sucht etwas Braunes.*
- *Sucht etwas Rundes.*
- *Sucht etwas Weiches.*
- *Sucht etwas Glänzendes.*

Nacheinander werden alle Teilstücke des Suchmandalas mit den individuellen Fundstücken aller Kinder gefüllt. Immer wieder versammeln sich alle um das Mandala und laufen gleichzeitig los, um eine neue Suchaufgabe zu erledigen. So entsteht am Ende ein vielfältiges Naturmandala der besonderen Art.

Domino mit Waldgegenständen

📖 A. & B. Neumann:
Waldfühlungen

Alter: ab 3 Jahren

Die Kinder sammeln im Wald jeweils zehn oder mehr verschiedene Naturgegenstände.

Die Spielleitung legt zwei verschiedene Gegenstände, z.B. Kiefernzapfen und ein Stück Birkenrinde, nebeneinander auf die Erde. Die Kinder legen entsprechend dem Domino-Prinzip einen gleichen Gegenstand, z.B. einen Kiefernzapfen, und einen neuen Waldgegenstand, z.B. eine Kastanie, an. Das Spiel kann nach zwei Seiten zu einer Kette aufgebaut werden. Ziel des Spiels ist es, innerhalb einer vorgegebenen Zeit von 10–15 Min. eine möglichst lange Dominokette zu bauen.

Können die Kinder mit ihren Gegenständen nicht mehr anlegen, müssen alle im Wald ein passendes Stück suchen. Wer zuerst wieder zurück ist, darf mit der Runde fortfahren.

Wie lang wird die Dominokette und wer konnte alle seine gesammelten Gegenstände unterbringen?

Die Spürnase

A. & B. Neumann:
Waldfühlungen

Der Wald bietet vor allem im Frühjahr zahlreiche Düfte an.

Alter: ab 6 Jahren
Material: 1–2 Augenbinden

Nachdem die Gruppe gemeinsam ein begrenztes Waldgebiet erkundet hat, verbinden sich ein oder zwei Kinder die Augen. Die anderen suchen in der nächsten Umgebung drei Dinge, die einen charakteristischen Geruch besitzen. Das können sein: Erde, Pilze, frische Blätter (z.B. von Später Traubenkirsche oder Eberesche = Bittermandeldeft, Douglasie = Orangenduft), Blüten, angefaulte Wurzeln, frisches Harz etc.
Diese Düfte werden den RiechexpertInnen unter die Nase gehalten: Wie kann der Duft beschrieben werden? Können sie die Geruchsquelle benennen?
Hinweis: Manche Pflanzenteile (besonders Blätter) duften intensiver, wenn sie zwischen den Fingern zerrieben werden.

Naturdenkmal

R. Bestle-Körfer, A. Stollenwerk:
Sinneswerkstatt LANDART

Still stehen und warten können. Erstarren zu einem Naturdenkmal. Dies setzt eine gute Eigenwahrnehmung und ein gesundes Körpergefühl voraus.

Alter: ab 6 Jahren

Es werden zwei Teams gebildet. Ein Kind jedes Teams stellt sich im Wald auf einen Baumstumpf und wird von den anderen Kindern zu einem „Naturdenkmal" geschmückt.
Auf ein Startsignal suchen alle Kinder in der näheren Umgebung Naturschmuck, z.B. Blätter, Zapfen, Steine, Früchte, Samen usw., um das eigene Naturdenkmal damit zu errichten. Möglichst viele Naturmaterialien sollten so auf Armen, Händen, Füßen, Schultern oder auf dem Kopf verteilt werden, ohne dass sie herunterfallen.
Nach etwa 5 Min. werden die Materialien, die auf dem Denkmal liegen, gezählt. Welche Besonderheiten entdecken die Teams wechselseitig an ihren Naturdenkmälern?

Wiesenspiel & Blütenkunst

Barfuß am Seil

A. & B. Neumann:
Wiesenfühlungen

Alter: ab 5 Jahren
Material: 1 Augenbinde pro Kind, langes Seil

Alle Kinder ziehen sich auf einer Wiese Schuhe und Strümpfe aus und verbinden sich die Augen. Die Spielleitung führt sie zu einem Seil, an dem sich alle festhalten.

Die (sehende) Spielleitung nimmt den Seilanfang und läuft langsam los. Sie warnt jeweils vor Gefahren, z.B. einer Bodenunebenheit. Sie sollte bei ihrer Führung möglichst Wiesenabschnitte unterschiedlicher Qualität (feucht, trocken usw.) auswählen.

Die Kinder konzentrieren sich auf den Untergrund, auf dessen Temperatur, Bewuchs, Feuchtigkeit, Oberflächenstruktur. Auch versuchen sie ihre nun verbliebenen Sinne zu schärfen, z.B. den Geruchssinn und den Hörsinn. Welche Töne und welche Düfte werden wahrgenommen?

Am Schluss nach dem Abnehmen der Augenbinden setzen sich alle zusammen und erzählen von ihren Eindrücken.
Hinweis: Ist es möglich, diese Übung alle 14 Tage auf der gleichen Wiese zu wiederholen, können die wachstumsbedingten Veränderungen erfühlt werden.

Gänseblümchenstempel

📖 L. Geißelbrecht-Taferner:
Die Garten-Detektive

Alter: ab 3 Jahren
Material: Gänseblümchen, Stempelkissen, Papier; evtl. Margeriten

Die Kinder pflücken auf einem Spaziergang einen Strauß Gänseblümchen.
In der Einrichtung drücken sie die Gänseblümchenblüten mit dem Blütenköpfchen in ein Stempelkissen und stempeln damit auf einen Bogen Papier. Die spiralförmige Anordnung der Blüten wird so sehr deutlich.
Die Stempelbilder können auch farbig zu Mustern (Figuren, Spiralen ...) zusammengestellt werden.
Hinweis: Mit Margeriten werden die Stempel noch größer und schöner.

Blütenschreibereien

R. Bestle-Körfer, A. Stollenwerk:
Sinneswerkstatt LANDART

Die Blütenschrift spricht ihre eigene sinnliche Sprache. Sie ist ein farbenfrohes, eindrucksvolles Kunstwerk in der Natur.

Alter: ab 6 Jahren
Material: Löwenzahn- oder Gänseblümchenblüten

Die Kinder sammeln Löwenzahnblüten und betrachten das leuchtende Gelb. Die Spielleitung fragt: *„Welche Wörter fallen euch dazu ein?"* Vielleicht *gelb, Sonne, leuchten, Strahl, Sonnenblume, Sommer ...?*
Die Kinder sammeln Gänseblümchen und betrachten das strahlende Weiß mit dem kleinen gelben Blütenkopf. Die Spielleitung fragt erneut: *„Welche Wörter fallen euch dazu ein?"* Vielleicht *weiß, Wolken, Winter, Schnee, Eis, Eisbär ...?*
Mit den Blüten legen die Kinder Wörter oder einzelne Buchstaben auf den Boden, ins Gras, auf dicke Äste, auf Baumstämme ...

Variante

Auch mit Früchten lassen sich Schreibereien gestalten, z.B. mit Schneebeeren (Knallerbsen) kalte „Eiswörter" oder mit Kastanien „Herbstwörter".

Wassermännchen

L. Geißelbrecht-Taferner:
Die Garten-Detektive

Aufgeschlitzte Löwenzahnstängel rollen sich im Wasser ein, weil die Innenseite mehr Wasser aufnehmen kann als die Außenseite und sich dadurch stärker ausdehnt.

Alter: ab 4 Jahren
Material: Löwenzahnstängel, Gefäß mit Wasser

Die Kinder schlitzen die Stängel von Löwenzahnblüten ganz oder nur an einem Ende auf, sodass dünne Streifen oder Büschel entstehen. Sie legen diese ins Wasser und beobachten, wie sich die Stängel verformen und allerlei lustige Gestalten annehmen: Brillen, Locken, Kringel, Männchen, Schnecken, Knochen, Wollknäuel usw.

Wiesendetektive

A. & B. Neumann:
Wiesenfühlungen

Alter: ab 8 Jahren
Material: rotes Geschenkband, Karteikarten, Bleistifte

Auf einer großen Wiese bilden die Kinder drei bis fünf Gruppen. Jede Gruppe bekommt ein 1,50 m langes Schleifenband. Mit diesem Band rahmen sie ein Wiesenbild ein, das markante Merkmale aufweist, z.B. bestimmte Blütengruppen, seltene oder auffällige Pflanzen oder Tiere.
Das ausgewählte „Wiesenbild" wird schön umschrieben und sein Titel auf einer Karteikarte notiert, z.B.:
„Drei blühende Klettenpflanzen erheben sich über einem Maulwurfshügel und ranken entlang eines trockenen Astes."
Alle Karteikarten werden bei der Spielleitung abgegeben und vermischt.
Jede Gruppe zieht eine Karte und sucht das dort beschriebene Wiesenbild in der „Wiesengalerie". Falls eine Gruppe die eigene Bildbeschreibung zieht, wird mit einer anderen Gruppe getauscht.

Variante ab 5 Jahren

Die Kinder beschreiben ihr „Wiesenbild" der Spielleitung, die diese Beschreibung auf einer Karteikarte notiert und später den anderen Kindern vorliest.

Wer lacht zuerst?

A. & B. Neumann:
Wiesenfühlungen

Alter: ab 3 Jahren

Alle Kinder pflücken einen zarten, langen Grashalm. Sie bilden Paare und setzen sich auf die Wiese.
Nun versuchen sie jeweils den anderen durch Kitzeln des Gesichts mit dem Grashalm zum Lachen zu bringen. Der Grashalm wird dazu mit dem Mund festgehalten und die Hände sind auf dem Rücken. Wer zuerst lacht oder wem der Grashalm aus dem Mund fällt, hat verloren.
Hinweis: Ganz kleine Kinder dürfen den Grashalm mit einer Hand festhalten.

Grashalm ziehen

A. & B. Neumann:
Wiesenfühlungen

Ein beliebtes Spiel aus alten Zeiten.

Alter: ab 4 Jahren

Die Gruppe bildet Paare und alle Kinder pflücken einen stabilen Grashalm. Ein Partner je Paar macht aus seinem Grashalm eine Schlaufe und der andere zieht seinen Grashalm hindurch. Auf „drei" zieht jeder der beiden in seine Richtung. Wessen Grashalm zuerst kaputtgeht oder wer zuerst loslässt, hat verloren.

Elfenfänger

C. Grüger, S. Weyhe:
Kinder in Bewegung mit NaturMotorik

Alter: ab 4 Jahren
Material: Stöcke

Die Spielleitung steckt Stöcke in den Rasen, um eine Spielfläche zu begrenzen.
Ein Kind ist Elfenfänger, ein Viertel der Kinder sind Blüten und Dreiviertel fliegende Elfen.
Die Blüten-Kinder stehen sich paarweise mit geschlossener Handfassung auf der Spielfläche gegenüber. Die anderen fliegen als Elfen um die Blüten herum. Der Elfenfänger tickt die Elfen ab, die daraufhin ebenfalls zu Fängern werden.
Schutz finden die Elfen, indem sie sich zwischen zwei Blüten-Kinder stellen und damit in eine Blüte eintauchen. Die Blüten dürfen von den Elfen nur kurz als Ruheplatz genutzt werden, bevor sie weiterfliegen müssen. Wenn alle Elfen getickt worden sind, endet das Spiel. Beim nächsten Durchgang werden die Rollen neu verteilt.

Variante für ältere Kinder

Um das Spiel spannender zu gestalten, werden mehrere Fänger eingesetzt.

Pustespiele

📖 L. Geißelbrecht-Taferner:
Die Garten-Detektive

Pustespiele sind im Freien am lustigsten – besonders wenn uns der Wind ein Schnippchen schlägt!

Alter: ab 3 Jahren
Material: Pusteblumen, 1 schwarzer Tonkarton (mind. DIN A2), Klebeband, Leim oder Kleister, Pinsel

Pustespiel 1
Die Kinder pflücken vorsichtig eine Pusteblume ab, halten sie dicht an den Mund und sprechen gemeinsam mit der Spielleitung das folgende Gedicht:

> *Paule, Paule, pupp, pupp, pupp,*
> *koch mir eine Wassersupp'!*
> *Aber nicht zu dick,*
> *dass ich nicht erstick'!*

Das „p" muss ganz hart ausgesprochen werden, damit auch wirklich Samen weggeblasen werden. Wer schafft es, die Blume ganz kahl zu blasen?

Pustespiel 2
Ein großer Bogen schwarzer Tonkarton wird an einer Wand befestigt und mit Leim oder Kleister bestrichen. Die Kinder pusten die Samen ihrer Pusteblumen gegen die Klebewand. So entstehen interessante Samenmuster!

Mit Weidenruten spielen

📖 A. & B. Neumann:
Wasserfühlungen

Alter: ab 5 Jahren
Material: Weidenruten, Taschenmesser, Stöcke, Zapfen oder Kieselsteine

Vorbereitung

Für die folgenden Spiele schneiden die Kinder mithilfe der Spielleitung ein paar einjährige Weidenruten und schälen die Rinde ab.
Sie biegen die Ruten zu etwa gleich großen Ringen und umwickeln die Enden fest mit der abgeschälten Rinde.

Ringwurf 1

Aus ca. 3 m Entfernung werfen die Kinder die Ringe abwechselnd über einen in die Erde gesteckten Stock.

Ringwurf 2

Das Spiel wird zu zweit gespielt: Ein Kind wirft den Ring, sein Partner fängt ihn mit einem Stock auf.

Zielwurf

Ein Ring wird in eine Astgabel eingeklemmt und aus ca. 3 m Entfernung werfen die Kinder Zapfen oder Kieselsteine hindurch.

Wasserklang & Pfützenspaß

Der farbige Wassertropfen

 A. & B. Neumann:
Waldfühlungen

Ein Wald nach einem Regenschauer strahlt etwas Geheimnisvolles aus. Er riecht nicht nur gut, er glitzert in der Sonne wie mit Diamanten bestückt. Die Diamanten sind Wassertropfen, die auf den wachsbeschichteten Blättern liegen. Wassertropfen, die nicht nur farblos sind: In ihnen spiegeln sich alle Farben der Natur!

Alter: ab 3 Jahren

Die Kinder gehen nach dem Regenguss im Wald auf Entdeckungsreise:
- *Welche Farben haben die Wassertropfen?*
- *Sind alle Farben des Regenbogens in den Tropfen zu finden?*
- *Was spiegelt sich in den Wasserperlen?*
- *Wo sammelt sich das Wasser?*
- *Wo tropfen die Wassertropfen herunter?*

Pfützenlinien

R. Bestle-Körfer, A. Stollenwerk:
Sinneswerkstatt LANDART

Wenn es in den vergangenen Tagen viel geregnet hat, gibt es überall Pfützen. Auch Bodenvertiefungen und Fahrspuren auf Feld- und Wiesenwegen stehen voller Wasser. Im Frühjahr strahlen Löwenzahnblüten mit dem frischen Grün der Wiesen und Felder um die Wette.

Alter: ab 5 Jahren
Material: Löwenzahnblüten

Von einer Wiese mit reichlich Löwenzahn sammeln die Kinder leuchtende Blütenköpfe. Die Wurzeln der Pflanzen lassen sie im Boden. Damit der Wind die Blüten nicht so schnell wegwehen kann, tauchen die Kinder sie kurz ins Wasser und umranden die Pfützen mit den Blüten. Dicht an dicht rahmen die Blüten die Pfütze mit einer geschlossenen Linie ein. Die Pfütze beginnt zu leuchten. In diesem leuchtenden Rahmen spiegeln sich die Wolken und das Himmelsblau.

Varianten
- Zwischen mehreren kleinen Pfützen stellen die Kinder Verbindungslinien oder breite Verbindungsstreifen aus Blüten her.
- Es werden so viele Löwenzahnblüten auf die Pfütze gelegt, dass ein leuchtender Schwimm-Teppich entsteht.

Dem Wasser verfallen

A. & B. Neumann:
Wasserfühlungen

Alter: ab 5 Jahren

Alle Kinder legen sich am Rand eines fließenden Gewässers mit dem Kopf zum Wasser. Sie schauen ausschließlich auf die Wasseroberfläche. Alle schweigen und liegen ruhig und entspannt. Die Spielleitung spricht sanft und ruhig:

„Schaut auf das Wasser. Sucht einen wasserumspülten Stein oder einen in das Wasser hängenden Ast. (Pause)
Konzentriert euch auf den Stein oder den Ast. (Pause)
Hört auf die Geräusche, die dort entstehen. (Pause)
Entspannt euch. Denkt an gar nichts mehr außer an euren Stein/Ast. (Pause)
Was würde wohl passieren, wenn jetzt der Wasserspiegel des Baches ansteigen würde. (Pause)
Stellt euch vor, ihr seid der Stein oder Ast und das Wasser umspült euch. (Pause)
Spürt das kalte Wasser. (Pause)
Spürt die Kraft der Strömung, als würde das Wasser euch wegspülen wollen. (Pause)
Ruht euch etwas aus, schließt die Augen und konzentriert euch auf die Geräusche. (lange Pause)
Jetzt seid ihr wieder am Ufer und betrachtet euren Stein. Vielleicht besucht ihr ihn demnächst wieder, um zu schauen, ob er überspült oder weitertransportiert wurde."

Die Kraft des Wassers

A. & B. Neumann:
Wasserfühlungen

An einer flachen, schmalen Bachstelle kann aus Steinen eine Staumauer errichtet werden. Wenn nach erfolgreichem Bau das Wasser die Staumauer herunterstürzt, kann mithilfe der Wasserkraft ein kleines, selbst gebautes Wasserrad angetrieben werden.

Alter: ab 5 Jahren
Material: Joghurt-Plastikbecher, Taschenmesser, Flaschenkorken, 2 Holzschaschlikspieße, 2 Gabeln

Das Wasserrad lässt sich leicht herstellen:
Aus einem Plastikbecher werden drei oder vier ca. 3 cm breite und 3 cm lange „Wasserschaufeln" geschnitten. In den Korken werden drei bis vier kleine Schnitte gemacht und die „Schaufeln" hineingesteckt. In beide Enden des Korkens werden die Holzspieße gesteckt.
Jetzt werden die Gabeln entsprechend der Breite des Wasserrades in den Bachlauf gesteckt (Strömung beachten!) und die Holzspieße des Wasserrades in die Gabelzinken gelegt: Das Wasserrad wird von der Strömung angetrieben!

Schwimmende Früchte-Inseln

📖 R. Bestle-Körfer, A. Stollenwerk:
Sinneswerkstatt LANDART

Wasser hat seine eigene Dynamik. Es fließt ruhig dahin, sprudelt, bildet kleine Strudel oder Wellen. Besonders spürbar wird diese Eigenschaft, wenn Früchte und Samen auf dem Wasser zu schwimmenden Inseln werden.

Alter: ab 5 Jahren
Material: biegsame Weidenzweige, feste Grashalme, Stöckchen, Früchte und Samenstände

An einem Bach biegen die Kinder aus Weidenzweigen Dreiecke und Quadrate und fixieren sie mithilfe fester Grashalme.
Diese Grundformen legen sie vorsichtig auf die Wasseroberfläche und befestigen sie mit einem Stöckchen im Untergrund. So kann die Form nicht davonschwimmen.
Mit den Früchten und Samenständen füllen die Kinder die Form ganz aus. Das Ausschmücken und Gestalten der Inseln nimmt einige Zeit in Anspruch.
Dann kommt der spannende Augenblick: Die Kinder übergeben die schwimmenden Inseln dem Wasser, indem sie die Stöckchen lösen, und beobachten, wie sie sich drehen, in den Wellen schaukeln, wie sie langsam oder schnell an Fahrt gewinnen, wie sie sich mit anderen Formen vermischen, aneinanderstoßen oder versinken.

Federflug

A. & B. Neumann:
Wasserfühlungen

Alter: ab 6 Jahren
Material: viele Vogelfedern

Die Kinder bilden Paare. Die Partner stellen sich an den gegenüberliegenden Ufern eines schmalen Baches auf. Jeweils ein Kind bekommt eine Feder. Sie wird in die Luft geworfen und dann über den Bach gepustet. Der Partner muss sie schnell zurückpusten. Die Feder darf nicht ins Wasser fallen und nicht mit der Hand angefasst werden. Wenn sie auf dem Wasser aufkommt, hat das betreffende Paar verloren und ein neues Spiel beginnt.

Schnee färben

L. Geißelbrecht-Taferner:
Die Garten-Detektive

Ebenso wie bewegtes Wasser im Sommer üben im Winter Eis und Schnee eine große Anziehungskraft auf Kinder aus. Eine geschlossene Schneedecke bietet Raum für kleine und große Kunstwerke.

Alter: ab 4 Jahren
Material: leere Sprühflaschen (Blumensprühpumpe oder Parfüm-Zerstäuber), Lebensmittelfarben

Die Kinder füllen ihre Sprühflaschen mit Wasser und geben etwas Lebensmittelfarbe hinein.
So ausgestattet gehen sie nach draußen, suchen sich eine möglichst große, freie Schneefläche und sprühen riesige Bilder, Muster oder ihren Namen in den Schnee.
Auch Schneeskulpturen lassen sich schön bunt färben und so ein bisschen auf den Frühling einstimmen, z.B.:
- ein Eisbär mit den verschiedensten Sorten Kugeleis in seiner Eistüte;
- Schneespeisen für die Schneekönigin: grüne Spinatschneeknödel, Rote-Bete-Matsch-Suppe, gelbe, geeiste Hühnerbeinchen, Blaubeerkuchen mit Schneehaube;
- eine weiße Schneehenne oder ein Schneehase mit bunten Ostereiern …

Sternenschneeballwürfe

C. Grüger, S. Weyhe:
Kinder in Bewegung mit NaturMotorik

Dieses Spiel dient der Motorik der Hände und der Schulung der Wurfkraft.

Alter: ab 4 Jahren
Material: Stöcke, Tannenzapfen

Vorbereitung

Die Spielleitung legt einen Kreis von ca. 5–8 m Durchmesser mit Stöcken in den Schnee und markiert die Kreismitte mit einem Tannenzapfen.

Spielablauf

Die Kinder formen viele Schneebälle und deponieren diese außerhalb des Kreises. Die Schneebälle sollten eine feste Konsistenz haben, damit sie nicht schon beim Werfen auseinanderfallen.

Die Kinder stellen sich an der Kreislinie auf und werfen abwechselnd mit den Schneebällen in die Mitte. Wer den Zapfen trifft und umwirft, stellt ihn wieder auf und erhält ein großes Lob von der Spielleitung.

Schneekunst

C. Grüger, S. Weyhe:
Kinder in Bewegung mit NaturMotorik

*Die Kreativität und Merkfähigkeit der Kinder wird ge-
fördert, hinzu kommt ein kleines Ausdauertraining.*

Alter: ab 4 Jahren

Jedes Kind formt einen großen Schneeball und presst ihn
ganz fest zusammen. Es sucht sich einen Baum oder eine
Baumseite und malt mit dem harten Schneeball ein
Motiv (Stern, Strich, Herz, Kreis …) auf die Rinde des Bau-
mes. Die Kinder gehen herum und prägen sich ein, wo
welches Motiv ist.
Sie sammeln sich in der Mitte des Geländes. Die Spielleitung ruft ein Motiv auf und die Kinder laufen schnell an
den Platz, wo dieses Motiv aufgemalt worden ist. Läuft
ein Kind oder laufen mehrere Kinder an einen anderen
Platz, wird das Spiel fortgesetzt, ohne auf diesen Fehl-
lauf aufmerksam zu machen. Nach einer Weile werden
die Kinder von selbst sicherer und aufmerksamer und
irren sich nur noch selten.

Leuchtende Pfützeneiskunst

R. Bestle-Körfer, A. Stollenwerk:
Sinneswerkstatt LANDART

Alter: ab 4 Jahren
Material: Gießkanne, Beeren, kleine Steine, Blätter etc., Stöcke; evtl. frostfeste Schalen, Kerzen

Die Kinder gießen im Winter Wasser in Vertiefungen im Boden oder in frostfeste Schalen und legen kleine Ästchen, Beeren und Steine auf die Wasseroberfläche. Dann heißt es warten! Sind die Temperaturen frostig genug, damit das Wasser zu Eis gefriert? Wie lange dauert das? Nach dem Gefrieren lösen die Kinder vorsichtig die Eisplatten.
An einen Stock gelehnt, den sie in den Boden stecken, leuchten die Eisplatten mit den umschlossenen Naturmaterialien im Sonnenschein. Im Dunkeln sorgt eine angezündete Kerze hinter der Eisplatte für zauberhaftes Gefunkel.

Fledermaus & Wolkenschaf

Mäusejagd

📖 B. Hesebeck u.a.:
Mit Robin Hood in den Wald

Mäuse müssen sich vor einem Tier ganz besonders in Acht nehmen: dem Fuchs!

Alter: ab 4 Jahren
Material: Wolle

In einem Wald oder Park werden auf einem Spielfeld (ca. 10 x 10 m) mehrere Bäume mit einem Wollfaden markiert: Dies sind die Mäuselöcher. Es sollten etwa halb so viele Mäuselöcher wie Kinder sein. Ein Kind ist der Fuchs, alle anderen sind die Mäuse.

Alle Kinder verteilen sich auf dem Gelände. Der Fuchs geht auf Mäusejagd! Die Mäuse sind nur sicher, wenn sie schnell genug ein Mäuseloch (markierter Baumstamm) erreichen.

Allerdings ist in den Mauselöchern nur wenig Platz. Kommt eine zweite Maus hinzu, muss die erste das Loch verlassen und sich anderswo in Sicherheit bringen. Wird eine Maus vom Fuchs gefangen, tauschen sie die Rollen.

Grillenhochzeit

A. & B. Neumann:
Wiesenfühlungen

Grillenmännchen zirpen, um Weibchen für die Hochzeit anzulocken. Um das Geräusch zu erzeugen, werden die Vorderflügel aneinandergerieben.

Alter: ab 6 Jahren
Material: Augenbinden für die Hälfte der Kinder, Stöcke oder Steine

Die Spielleitung steckt eine ca. 5 x 10 m große Spielfläche ab. Das Gelände darf nicht zu uneben sein.
Die Kinder teilen sich. Eine Hälfte spielt „Grillen-Weibchen", die ihre Augen verbunden bekommen, um die andere Gruppe, die „Grillen-Männchen", über das Gehör zu finden. Die Grillen-Männchen suchen sich dazu jeweils zwei stabile Stöcke (oder zwei Steine) und verteilen sich auf dem Spielgebiet. Dann reiben (oder klopfen) sie die Stöcke so aneinander, dass ein wahrnehmbares Geräusch entsteht. Das ist ihr Grillenlockruf.
Die „blinden" Grillen-Weibchen suchen nun die Männchen. Sobald sie eines gefunden haben, hört dieses auf zu spielen. Haben alle einen Grillen-Partner, werden die Rollen getauscht.

Wiesenmahd

A. & B. Neumann:
Wiesenfühlungen

*Mitte oder Ende Mai wird die erste Wiesenmahd vorge-
nommen. Auf kleinen Wiesen lässt sich das Gras ganz
gut auch mit einer Sense mähen. Das ist leiser und öko-
logisch unbedenklicher als die Mahd mit einem mit
Strom oder Benzin angetriebenen Rasenmäher. Bei der
Sensenmahd sieht man die Heuschrecken über die Sense
springen und andere Insekten lassen sich von den Pflanzen auf den Boden fallen.*

Alter: ab 5 Jahren
Material: 3 m langes, kräftiges Seil

Die Sense wird bei diesem Spiel durch ein Seil imitiert,
das die Spielleitung im Kreis um sich herum mal höher,
mal tiefer über den Wiesenboden schwingt.
Die Kinder stellen sich in einem Kreis von 3–4 m Ø auf
und spielen die Insekten. Sie lassen sich beim Nähern der
„Sense" zuerst zu Boden fallen, sodass sie nicht vom Seil
getroffen werden, springen dann hoch über die „Sense",
dann wieder hinlegen usw. Wer das nicht schafft und
vom Seil berührt wird, scheidet aus.

Orientieren wie eine Fledermaus

 A. & B. Neumann:
Waldfühlungen

Fledermäuse sehen sehr schlecht. Diesen Makel machen sie durch ein hervorragendes Gehör wett. Sie orientieren sich im Raum, indem sie kurze Rufe im Ultraschallbereich ausstoßen und die an Gegenständen reflektierten Schallwellen hören und auswerten. In der Nähe der Gegenstände erhöht sich die Frequenz der reflektierten Schallwellen, da diese einen immer kürzeren Weg zurücklegen müssen. Die Fledermäuse erkennen so ein Beutetier (z.B. Nachtfalter) oder ein Hindernis.

Alter: ab 7 Jahren
Material: Augenbinden für die Hälfte der Kinder, Stöcke

Die Kinder bilden Paare, die sich ein wenig verteilen. Jeweils ein Partner übernimmt die Rolle der Fledermaus, verbindet sich die Augen und zieht evtl. Schuhe und Strümpfe aus. Der andere Partner übernimmt die Funktion der Schallwellen und sucht sich zwei Stöcke, um mit diesen Klopfsignale zu geben.
Das sehende Kind geht rückwärts vor dem blinden Kind her und klopft ständig mit den Stöcken Signale, die den reflektierten kurzen Rufreihen der Fledermäuse entsprechen. Das Fledermaus-Kind folgt langsam den Signalen. Nähert es sich einem Hindernis, z.B. einem Baumstamm,

muss es durch eine höhere Schlagfrequenz gewarnt werden. Nach einer Strecke von ca. 30 m tauschen die Kinder die Rollen.

Schafsprung

C. Grüger, S. Weyhe:
Kinder in Bewegung mit NaturMotorik

*Schafe sind Tiere, die sich gerne bewegen und auch Hin-
dernisse mit Geschick überspringen. Bei dieser Aktion ist
große Aufmerksamkeit gefordert, um kein anderes Kind
anzustoßen oder zu verletzen. Sprungkraft und Aus-
dauer werden intensiv geschult.*

Alter: ab 5 Jahren

Die Kinder stellen sich in einer langen Reihe hintereinander auf. Das erste Kind der Reihe legt sich quer zur
Gruppe auf den Boden. Das folgende Kind überspringt
das erste Kind und legt sich 2 m weit entfernt auf den
Boden. Das dritte Kind setzt diese Reihe fort.
Wenn alle Kinder gesprungen sind und am Boden liegen,
erhebt sich das erste Kind wieder und beginnt die Schaf-
sprungserie von vorn.

Die Füchse jagen den Hasen

 A. & B. Neumann:
Waldfühlungen

Hasen orientieren sich vorwiegend mit ihren Ohren.

Alter: ab 6 Jahren
Material: 1 Augenbinde

Die Gruppe bestimmt unter sich ein Hasen-Kind, dem die Augen so verbunden werden, dass die Ohren dabei frei bleiben. Die anderen Kinder werden zu Füchsen, die sich vereinzelt mind. 10 m vom Hasen entfernt aufstellen.
Auf ein Zeichen schleichen sich die Füchse zum Hasen. Hört der Hase ein Geräusch von einem Fuchs, zeigt er mit dem Finger in dessen Richtung. Der erwischte Fuchs hockt sich auf der Stelle hin und verhält sich ruhig. Die anderen schleichen sich weiter an. Der erste Fuchs, der den Hasen erreicht, ohne von ihm gehört zu werden, spielt in einer nächsten Runde den Hasen.

Riesensaurier

R. Bestle-Körfer, A. Stollenwerk:
Sinneswerkstatt LANDART

Alter: ab 6 Jahren

Für den Bau eines Riesendinosauriers tragen die Kinder im Wald Holz zusammen: dicke Stämme, ausladende Äste, Stöcke, Reisig, Rinde.

Aus den Fundstücken bilden sie den Körper des Dinos und legen Flügel an beide Seiten. Als Hals stecken sie einen gebogenen, am Ende gespaltenen Ast in den Körper (evtl. mit Steinen abstützen).

Der Dino bekommt einen leuchtend grünen Kopf aus Grasbüscheln und Farnwedeln. Auch den Körper schmücken die Kinder mit Gräsern, Farn und Blättern.

Am Ende ist ein eindrucksvolles Wesen aus der Urzeit entstanden!

Sonnenvogel

R. Bestle-Körfer, A. Stollenwerk:
Sinneswerkstatt LANDART

Alter: ab 5 Jahren
Material: Löwenzahnblüten und -blätter

Die Kinder legen aus Löwenzahnblüten und -blättern einen Sonnenvogel ins Gras. Die gezackten Löwenzahn-blätter bilden Füße, Schnabel und Schwanzfedern. Den Vogelkörper formen die Kinder mit dicht aneinanderge-legten Löwenzahnblüten. Der Sonnenvogel beginnt zu leuchten.
Nach ein paar Tagen sind je nach Temperatur und Witte-rung die Blüten geschrumpft. Sie strahlen nicht mehr so intensiv.

Wolkenschäfchen

A. & B. Neumann:
Wiesenfühlungen

Alter: ab 5 Jahren

Alle Kinder legen sich vereinzelt auf eine Wiese mit dem Blick in Richtung Wolken und schließen die Augen. Wenn genug Heu vorhanden ist, können sie sich vorher noch ein Bett bauen. Alle schweigen. Nur die Spielleitung spricht leise und langsam folgende Worte, wofür sie sich viel Zeit nehmen sollte:

„Lasst alle Muskeln locker und spürt den Boden unter euch. Fühlt, ob er warm oder kalt, weich oder hart ist. (Pause)

Versucht, an gar nichts mehr zu denken. Atmet tief durch. Hört euren Atem. (Pause)

Genießt die verschiedenen Gerüche. (Pause)

Stellt euch jetzt vor, woher diese Gerüche stammen könnten. (längere Pause)

Konzentriert euch auf die Geräusche, die zu hören sind. (Pause)

Stellt euch vor, wer sie erzeugt. (längere Pause)

Fühlt die Schwere eures Körpers und die wärmenden Sonnenstrahlen, die auf ihn treffen. (Pause)

Jetzt öffnet langsam die Augen. Sucht am Himmel nach Haufenwolken. Welche Tiere der Wiese formen die Wolken gerade? Was könnten sie sonst noch darstellen?

Wollt ihr mit den Wolkentieren mitreisen? Stellt euch vor, wohin die Reise gehen könnte ..."

Etwa 3–5 Min. später fordert die Spielleitung die Kinder auf, sich wieder langsam aus der Rückenlage aufzusetzen.

Sandskulptur & Steinbalance

Was schenkt uns die Erde?

📖 R. Bestle-Körfer, A. Stollenwerk:
Sinneswerkstatt LANDART

Dieser Planet heißt Erde. Auch das Element, in dem die Nahrung für alle Lebewesen dieses Planeten wächst, heißt Erde. Das Element Erde sinnlich zu erfahren und zu begreifen, schafft Interesse und Wertschätzung.

Alter: ab 5 Jahren

Die Kinder stehen im Kreis und halten sich an den Händen. Vor Spielbeginn fragt die Spielleitung jedes Kind, was die Erde uns Menschen schenkt.
Ein Kind wird zum ersten „Rufer" bestimmt. Auf ein Startkommando beginnen alle im gleichmäßigen Rhythmus ihre Arme auf und ab zu schwingen. Die Spielleitung spricht dazu folgenden Satzanfang: *„Die Erde schenkt uns ..."* Bei dem Wort *„uns"* schwingen alle die Arme in die Mitte und halten sie oben in der Luft, bis der Satz von dem „Rufer" mit einem Begriff vervollständigt

wurde, z.B. mit Wörtern wie *Steine, Gras, Kühe, Milch, Blumen, Äpfel, Meer, Berge, Vulkane* usw.
Die Kinder schwingen die Arme weiter. Die Spielleitung beginnt erneut mit: *„Die Erde schenkt uns ..."* Das nächste Kind antwortet, bis alle Kinder mind. einmal „Rufer" waren.

Ein Riesennest

R. Bestle-Körfer, A. Stollenwerk:
Sinneswerkstatt LANDART

Mit anderen buddeln oder graben stärkt das Gemeinschaftsgefühl und die Lust auf weitere kollektive Naturerlebnisse.

Alter: ab 4 Jahren
Material: viele Schaufeln; evtl. viel Moos

Die Kinder bauen z.B. auf einer Wiese gemeinsam ein Riesennest. Dazu graben sie mit den Schaufeln ein breites, flaches Loch in die Erde, in das sich alle Kinder zusammen hineinhocken können. Um das Nest gemütlich zu machen, wird es mit Heu, Grasbüscheln oder Stroh ausgestattet.

Variante
Die Kinder bauen ein Riesennest aus Moos in einer Senke oder in bereits vorhandenen Erdkuhlen.

Waldplatten verlegen

R. Bestle-Körfer, A. Stollenwerk:
Sinneswerkstatt LANDART

Alter: ab 7 Jahren
Material: kleine Schaufeln

Die Spielleitung sucht ein ebenes Waldstück oder einen Weg mit weichem Waldboden aus.

Die Kinder zeichnen mit einem Stock mehrere quadratische Felder in Schrittbreite hintereinander in den Boden. Die Felder heben sie mit den Schaufeln ca. 2 cm tief aus und füllen sie jeweils mit einem Naturmaterial wie Nadeln, Zapfen, Moos, Äste, Blätter, Früchte, Rinde oder Blüten. Die Materialien in den Feldern wirken so, als wären sie in den Boden eingelassen.

Die Waldplatten eignen sich als Taststraße für die Füße. Die Kinder ziehen Schuhe und Strümpfe aus und erspüren mit nackten Fußsohlen die verschiedenen Untergründe ihres Waldplattenweges.

Sandlandschaft

R. Bestle-Körfer, A. Stollenwerk:
Sinneswerkstatt LANDART

Sandbilder können nicht nur in Sand gemalt, sondern auch aus verschiedenen Naturmaterialien in den Sand gelegt werden. So entstehen Sandlandschaften aus Naturfundstücken.

Alter: ab 4 Jahren
Material: Eimer, Sandfläche

Die Kinder sammeln in einem Eimer verschiedene Naturmaterialien wie Steine, Federn, Gräser, Blätter, Blüten usw. und legen z.B. in einem großen Sandkasten Landschaftsbilder mit Häusern, Bäumen, Blumen und Tieren auf die glatte Sandfläche. Auf diese Weise entsteht ein Kinderbild im Sand: Haus, Baum, Sonne, Schmetterling – alles Motive, die Kinder auch mit einem Stift auf ein Blatt Papier malen.

Sandförderband

📖 R. Bestle-Körfer, A. Stollenwerk:
Sinneswerkstatt LANDART

Alter: ab 4 Jahren
Material: Sand

Zwei Teams bauen zwei etwa gleich große Sandhaufen und setzen sich möglichst nah in einer Reihe nebeneinander davor.
Auf ein Startsignal trägt jeweils das erste Kind eine Hand voll Sand vom Sandhaufen ab und reicht ihn von Hand zu Hand weiter. Gelingt es mithilfe des „Sandförderbands" am anderen Ende der Reihe einen etwa gleich großen Sandhaufen aufzuschichten?

Sandschildkröte

📖 R. Bestle-Körfer, A. Stollenwerk:
Sinneswerkstatt LANDART

Wasserschildkröten kommen an Land, um ihre Eier im Sand abzulegen und dort zu vergraben. Danach verschwinden sie wieder im Meer.

Alter: ab 5 Jahren
Material: Sand, Schaufeln, Eimer, Wasser

Für eine Riesenschildkröte werden neben Sand große Mengen Wasser benötigt, um eine stabile Rückenwölbung zu bauen. Zum Anhäufen einer Riesenschildkröte im großen Sandkasten ist eine Schaufel hilfreich, kleine Schildkröten können auch mit den Händen geformt werden.

Die Kinder arbeiten am besten im Team und wechseln sich mit den Aufgaben ab, z.B. Wasser holen, Sand aufschichten, Sand glatt streichen, formen usw.

Ist die Körperwölbung stabil, beginnen die Kinder den Sand um den Körper herum abzutragen. Dadurch entsteht eine Vertiefung, in die hinein vier Beine, ein Kopf und ein Schwanz gebaut und mit Wasser in Form gebracht werden.

Zum Schluss erhält der Rücken der Sandschildkröte aus Gräsern das typische Panzermuster. Jetzt fehlen nur noch Augen und Mund, die z.B. mit kleinen Steinen gelegt werden können.

Hinweis: Eine Sandskulptur wird am stabilsten, wenn jede neue Sandschicht mit Wasser immer wieder gut angedrückt und mit den Händen festgeklopft wird.

Allerlei mit Steinen

A. & B. Neumann:
Wasserfühlungen

Alter: ab 5 Jahren
Material: viele (Kiesel-)Steine, wasserfeste Stifte

Zielwurf

Ein farbiger oder ein von der Spielleitung markierter Stein wird ca. 4 m weit von einer festgelegten Abwurflinie ausgelegt.

Alle Kinder markieren für sich drei Steine und werfen sie abwechselnd einzeln möglichst in die Nähe des Zielsteins. Es ist dabei erlaubt, andere Steine – jedoch niemals den farbigen Zielstein – wegzukicken.

Am Schluss wird überprüft, welcher Stein am dichtesten an den farbigen Stein herangekommen ist.

Fühlen

Die Kinder suchen sich jeweils einen besonderen Stein aus und befühlen diesen lange. Sie legen diesen Stein zu vier anderen Steinen. Gelingt es, durch blindes Befühlen aller fünf Steine den eigenen herauszufinden?

Balanceakt

Die Kinder balancieren einen faustgroßen Stein so schnell wie möglich über eine Strecke von ca. 10 m auf dem Kopf, ohne den Stein festzuhalten.

Steinmusik

A. & B. Neumann:
Wasserfühlungen

Alter: ab 4 Jahren
Material: 2 rund geschliffene, etwa faustgroße Steine pro Kind

Die Kinder probieren verschiedene Möglichkeiten aus, mit ihren beiden Steinen Musik zu machen:

- Die Spielleitung gibt einen Takt vor und alle versuchen durch das Aufeinanderschlagen der Steine in den Rhythmus einzufallen. Eine Weile wird der Rhythmus beibehalten, dann wird er verändert. Schließlich kann auch ein Lied zum Rhythmus der Steine gesungen werden.

- Mit der Steinmusik imitieren die Kinder einen Regenguss, wobei sie leise mit einzelnen Schlägen beginnen, sich im starken, schnellen Klopfen und Pusten auf dem Höhepunkt befinden und schließlich mit einzelnem Klopfen enden. Zu dem Steinrhythmus kann natürlich auch getanzt werden.

- Im Kreis werden reihum Steinklopfsignale weitergegeben, indem jedes Kind mit seinem Stein einmal auf den Boden klopft. Um den Schwierigkeitsgrad dabei nach einiger Zeit zu erhöhen, wird von der Spielleitung durch ein Doppelklopfen ein Richtungswechsel angekündigt und/oder die Geschwindigkeit der Signalweitergabe erhöht.

Amulett

📖 B. Hesebeck u.a.:
Mit Robin Hood in den Wald

Speckstein ist ein alter, faszinierender Werkstoff, da er sich leicht schneiden und bearbeiten lässt. Amulette aus Stein dienen als dauerhafte Glücksbringer.

Alter: ab 5 Jahren
Material: Speckstein, Feilen, Eisensäge, Schleifpapier, Handbohrer, Wollfaden oder Lederband

Die Spielleitung schneidet mit der Eisensäge ein Stück Speckstein in kleine 3 x 3 x 1 cm große Teile.
Die Kinder oder die Spielleitung bohren mit einem Handbohrer ein Loch zum Aufhängen in die kleinen Steinstücke.
Nun können die Kinder Zeichen in das Amulett ritzen, an seiner Form arbeiten und so ihren eigenen individuellen Anhänger gestalten.
Durch das gebohrte Loch wird ein Wollfaden oder Lederband gefädelt und das Amulett daran um den Hals gehängt.

Spüre die Steine

C. Grüger, S. Weyhe:
Kinder in Bewegung mit NaturMotorik

Bei diesem Entspannungsspiel spüren die Kinder ganz deutlich, wie sehr Steine von der Sonne aufgewärmt werden. Zugleich nehmen sie die Körperstellen, auf die die warmen Steine gelegt werden, durch die verbesserte Durchblutung intensiv und bewusst wahr.

Alter: ab 4 Jahren
Material: pro Kinderpaar 1 runder, handtellergroßer Stein und 1 Decke oder Matte, Schüssel

Vorbereitung
Die Spielleitung legt die sauberen Steine in eine Schüssel und übergießt sie mit kochendem Wasser. Sie nimmt die Steine erst heraus, wenn sie angenehm warm sind. Die Dauer hängt dabei von Größe und Gesteinsart ab.

Spielablauf
Die Kinder bilden Paare und breiten eine Decke auf dem Boden aus. Das eine Kind legt sich mit dem Bauch darauf und das andere nimmt daneben Platz. Die Spielleitung gibt jedem Kinderpaar einen Stein.
Das sitzende Kind beginnt mit der Steinmassage. Es fährt mit dem Stein ganz langsam über die Glieder, den Rücken und den Po des liegenden Kindes, sodass die Wärme des Steins an den Körper abgegeben wird. Danach tauschen die Kinder ihre Rollen.

Register & Literatur

Register

Literatur

Die Naturspiele aus diesem Buch sowie viele weitere Spiele, Kreativaktionen, Experimente, Naturführungen, Geschichten, Rezepte und Infos finden Sie in den folgenden Ökotopia-Titeln
(s. auch **www.oekotopia-verlag.de**):

Bestlc-Körfer, Regina & Annemarie Stollenwerk: Sinneswerkstatt LANDART. Naturkunst für Kinder. Münster (Ökotopia) 2009. ISBN 978-3-86702-074-9

Geißelbrecht-Taferner, Leonore: Die Garten-Detektive. Mit vielfältigen Experimenten, Spielen, Bastelaktionen, Geschichten und Rezepten den blühenden Frühjahrsboten auf der Spur. Münster (Ökotopia) 2005. ISBN 978-3-936286-58-8

Grüger, Constanze & Susanne Weyhe: Kinder in Bewegung mit NaturMotorik. Naturprozesse durch Bewegung erleben und verstehen – für Aktionen drinnen und draußen. Münster (Ökotopia) 2007. ISBN 978-3-86702-012-1

Hesebeck, Birthe, Georg Lilitakis, Stefan Schulz & Dirk Gouder: Mit Robin Hood in den Wald. Waldabenteuer für Kinder. Münster (Ökotopia) 2003. ISBN 978-3-936286-10-6

Neumann, Antje & Burkhard Neumann: Waldfühlungen. Das ganze Jahr den Wald erleben. Naturführungen, Aktivitäten und Geschichtenfibel. Münster (Ökotopia) 1999. ISBN 978-3-931902-42-1

Neumann, Antje & Burkhard Neumann: Wiesenfühlungen. Das ganze Jahr die Wiese erleben. Naturführungen, Wahrnehmungsspiele und Geschichtenbuch. Münster (Ökotopia) 2002. ISBN 978-3-931902-89-6

Neumann, Antje & Burkhard Neumann: Wasserfühlungen. Das ganze Jahr Naturerlebnisse an Bach und Tümpel. Naturführungen, Aktivitäten und Geschichtenbuch. Münster (Ökotopia) 2003. ISBN 978-3-936286-13-7